Conoce al búho

Autumn Leigh

Traducción al español: José María Obregón

Rosen REAL READERS en español

Rosen Classroom Books & Materials
New York

Los búhos son aves.

Los búhos pueden volar.

Los búhos tienen garras muy filosas.

Los búhos tienen ojos muy grandes.

Los búhos tienen plumas.

¿Sabes qué sonido hacen los búhos?

Palabras que debes saber

(el) búho

(las) garras

(los) ojos

(las) plumas

volar